Elke Gulden · Bettina Scheer

# Kinder tanzen durch den Wilden Westen

## Einfache Choreografien für Kita-Kinder von 2-6

### Illustrationen von Simone Pahl

Ökotopia Verlag, Münster

# Impressum

| | |
|---|---|
| **Autorinnen** | Elke Gulden |
| | Bettina Scheer |
| **Illustratorin** | Simone Pahl |
| **Covergestaltung** | PERCEPTO mediengestaltung |
| **Satz** | art-applied, Münster |
| **Notensatz** | Ja.Ro. Music, Taunusstein |
| **ISBN** | 978-3-86702-290-3 |

1. Auflage
© 2014 Ökotopia Verlag, Münster

**Bleiben Sie in Kontakt**

www.oekotopia-verlag.de

## Weitere Titel aus der Reihe ‚Kinder tanzen‘:

**Kinder tanzen
durchs Märchenland**
**ISBN** 978-3-86702-289-7

**Kinder tanzen
durch die Lichterzeit**
**ISBN** 978-3-86702-288-0

# Inhaltsverzeichnis

# Yee-haw!

Der Wilde Westen übt auf Kinder eine ganz besondere Anziehungskraft aus. Viele Fantasien reihen sich um das damalige Leben von Cowboys und Indianern und noch immer verkleiden sich jedes Jahr tausende von Kindern als Cowboy, Sheriff, Häuptling oder Squaw.

Ein typisches Merkmal der Westernmusik sind Liedtexte, die aus dem Leben der Cowboys erzählen. Sie galten als die großen Helden des amerikanischen Westens. Sie symbolisierten den Traum von endlos weiter Natur, Freiheit und Abenteuer. Und in der Tat gehen die musikalischen Anfänge der Westernmusik auf eben jene Cowboys zurück, die tagsüber die Viehherden durch die Weiten der Prärie trieben und abends am Lagerfeuer in der Wildnis ihre Lieder sangen. Anfang des letzten Jahrhunderts hat die Musikindustrie das breite Interesse an der Figur des Cowboys genutzt, um die Westernmusik populär zu machen. Dabei hat die Westernmusik maßgeblich Einfluss auf die Entwicklung der Countrymusic genommen, die zunächst unabhängig von ihr im Amerika der 30er Jahre durch die Einwanderer aus Großbritannien und Irland entstanden war.

Heute gibt es unzählig viele Stilrichtungen. Typisch für Country- oder Westernmusik ist jedoch das Einsetzen von Saiteninstrumenten, wie beispielsweise Geige, Gitarre, Banjo oder Mandoline, aber auch Akkordeon und Mundharmonika. Heute gehören natürlich auch Schlagzeug, E-Gitarre und Bass zu einer typischen Country-Band-Besetzung. Die Musik auf der beiliegenden CD ist eindeutig dem großen Hauptmusikgenre Countrymusik zuzuordnen. Dabei sind alle Lieder kindgerecht und modern instrumentiert – sie verbreiten sofort gute Laune und laden zum sich Bewegen ein.

Wir wünschen Ihnen und „Ihren" Kindern ebenfalls so viel Spaß, wie wir es mit „unseren" Kindern bei diesen Tänzen hatten und immer noch haben.

Herzlichst Ihre

*Elke Gulden*     *Bettina Scheer*

# Einführung

Ein Tanzbuch für Kindergartenkinder? Brauchen denn Kinder in diesem Alter überhaupt Tänze? Sollten sich Kinder nicht besser, einfach frei bewegen – so wie es ihnen einfällt und gefällt? Ja, ja und ja lauten die Antworten auf diese drei Fragen, die uns durch all unsere Bewegungs- und Tanzseminare in den letzten Jahren begleitet haben. Das Erstaunliche dabei ist, dass sich die Antworten auf die Fragen zwei und drei dabei nicht widersprechen.

Kinder brauchen viele Gelegenheiten, kreativ zu sein und damit die Welt auf ihre Weise erkunden zu können. Für den tänzerischen Bereich bedeutet es, sowohl die Musik als auch den eigenen Körper als Ausdrucksmöglichkeit zu entdecken. Wie klingt eine Melodie? Langsam, schnell, fröhlich, traurig, wütend, verträumt? Klingt sie hüpfend oder eher schleichend? Träge und schwerfällig oder eher leicht, luftig und flott? Und welche Bewegung passt dazu? Auch das Heraushören von verschiedenen Musikteilen ist entscheidend. Wie verändert sich eine Melodie, wo hört der eine Teil auf und wo beginnt der nächste? Kreative Tanzspiele unterstützen die Kinder hierbei und sind ein entscheidender Baustein in ihrer Entwicklung. Einige solcher Spiele finden sich auch in diesem Buch.

Der Schwerpunkt dieser Tanzbuchreihe liegt jedoch in der Erarbeitung erster kleiner und altersgerechter Choreografien. So wie Kinder im Spiel frei mit ihrer Stimme spielen, so wie sie sich für ihre Puppen und Spielfiguren eigene Geschichten ausdenken, so brauchen sie darüber hinaus auch Lieder, die alle singen,

und geschriebene Geschichten, denen sie beim Erzählen oder Vorlesen zuhören. Das eine schließt das andere nicht aus und dies gilt mit der gleichen Richtigkeit für den tänzerischen Bereich.

Unabhängig von Geschlecht und Nationalität tanzen Kinder im Kindergartenalter in der Regel alle sehr gerne. Sie haben Spaß an der Musik, an der Bewegung und nicht zuletzt auch an der Präsentation. So viel Vergnügen das freie Tanzspiel bereitet, so viel Freude macht es auch schon den Kleinen, gemeinsam etwas zu entwickeln und ihr Können bei der einen oder anderen Gelegenheit vorzuzeigen.
Entscheidend ist, dass das Üben nicht in Drill ausartet, dass es spielerisch in kleinen Schritten geschieht, so dass die Kinder mit Freude dabei bleiben.

Einige **Choreografien** in diesem Buch sind sehr einfach und bereits für Krippenkinder geeignet. Andere richten sich ausschließlich an Vorschulkinder. Die meisten Tänze sind jedoch für altersgemischte Kindergartengruppen geschrieben.

Zusätzlich haben wir neben die einzelnen Choreographien die Abbildung von kleinen Füßen gesetzt.

Ein Stiefel steht dabei für sehr einfache Choreografien,
zwei Stiefel für ein wenig komplexere Bewegungskombinationen und drei Stiefel für Tänze, die speziell für die Großen im Kindergarten geschrieben wurden.

Einige Tänze enthalten u. U. eine Bewegungsabfolge, die mit Kindern, die bisher wenig bis keine Tanzerfahrungen gemacht haben, geübt werden muss. Dies bedeutet nicht, dass sie zu schwer ist. Auch ein neues Lied können Kinder nicht von Anfang mitsingen. Zunächst müssen sie es einige Male hören, dann setzen sie irgendwann im Refrain ein und nach und nach kommen die einzelnen Textzeilen hinzu. Ähnlich ist es auch im Tanz.

Um dem Rechnung zu tragen, sind auf der beiliegenden CD zusätzliche **Übungstracks** abgemischt, die einzelne Melodieabschnitte der Lieder mehrfach hintereinander abspielen. Auf diese Weise können einzelne Bewegungen einfach viele Male nacheinander getanzt werden, ohne dass Sie zum CD-Spieler laufen müssen, um die Musik zurückzusetzen, oder Sie warten müssen, bis sich der Einsatz musikalisch wiederholt.

Die **didaktischen Tipps** unter den Tanzbeschreibungen unterstützen Sie bei der Umsetzung mit den Kindern.

Grundsätzlich haben wir darauf geachtet, dass die Tänze im Gesamten einfach gehalten und ohne tänzerische Vorerfahrung Ihrerseits umsetzbar sind. Dabei haben wir alle Tänze mit unseren Kindergruppen probiert und in der Praxis weiterentwickelt. Nur die Lieder und Tänze, die allen Kindern sichtbar Freude gemacht haben, haben es in dieses Buch geschafft.

Selbstverständlich gilt aber auch hier, genau wie bei all unseren anderen Büchern:

- Alle Inhalte sind lediglich als Vorschläge zu verstehen, wenn Sie aus ihnen eigene Ideen entwickeln, freuen wir uns.
- Erscheint Ihnen etwas für Ihre Kindergruppe zu schwierig, vereinfachen Sie Schrittkombinationen, indem Sie Bewegungen streichen und sie beispielsweise einfach durch eine Wiederholung der vorhergehenden Bewegung ersetzen.
- Erscheint Ihnen etwas zu einfach, dann nehmen Sie eine Bewegung aus einem anderen Tanz heraus oder ergänzen Sie einen Schritt durch eine zusätzliche Arm- oder Kopfbewegung.

Lange haben wir überlegt, wie wir die Bewegungen der Kinder am besten aufschreiben. Da sich dieses Buch an LeserInnen richtet, die nicht aus dem professionellen Tanzbereich kommen, wollten wir ganz bewusst, auf die allgemein gültige Tanzsprache verzichten und eine Methode wählen, die auch für diejenigen leicht lesbar ist, die sich bisher noch gar nicht oder nur wenig mit Kindertänzen auseinandergesetzt haben.

Schlussendlich haben wir uns nach vielen Umfragen in unseren Seminaren für eine Tabellenform entschieden.

- In der linken Spalte finden Sie den musikalischen Aufbau des Liedes sowie den Teil des Liedtextes, der Ihnen eine Textorientierung der Bewegungen ermöglicht.
- Die mittlere Spalte gibt die Bewegungsbeschreibung wieder.
- In der rechten Spalte können Sie die Zählzeiten ablesen.

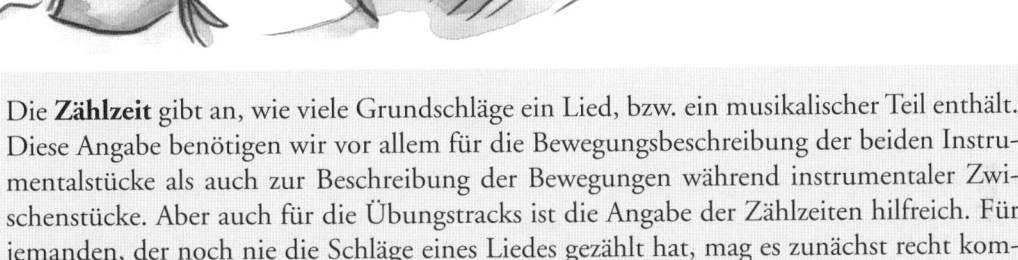

Die **Zählzeit** gibt an, wie viele Grundschläge ein Lied, bzw. ein musikalischer Teil enthält. Diese Angabe benötigen wir vor allem für die Bewegungsbeschreibung der beiden Instrumentalstücke als auch zur Beschreibung der Bewegungen während instrumentaler Zwischenstücke. Aber auch für die Übungstracks ist die Angabe der Zählzeiten hilfreich. Für jemanden, der noch nie die Schläge eines Liedes gezählt hat, mag es zunächst recht kompliziert klingen, aber glauben Sie uns, es ist ganz einfach:
Wippen Sie einfach gleichmäßig mit dem Fuß im Takt zur Melodie und Sie haben den Grundschlag.

# Kleine Ponys - Große Pferde

**Strophe**

Klei - ne Po - nys, gro - ße Pfer - de gra - sen auf dem Feld, ge -

nie - ßen Spiel, Spaß und das Wet - ter, ob die Son - ne scheint o - der Re - gen fällt.

**Refrain**

Komm, lauf los, mein klei - ner Freund, sei schnell wie der Wind.

Komm, lauf wei - ter, klei - ner Freund, hü - hott, wir rei - ten ganz ge - schwind.

**1.** Kleine Ponys, große Pferde
grasen auf dem Feld,
genießen Spiel, Spaß und das Wetter,
ob die Sonne scheint oder Regen fällt.

|:*Komm, lauf los, mein kleiner Freund,*
*sei schnell wie der Wind.*
*Komm, lauf weiter, kleiner Freund,*
*hühott – wir reiten ganz geschwind.*:|

**2.** Kleine Ponys, große Pferde,
stehn in ihrem Stall.
Genießen Stroh, Heu und die Wärme,
ist im Winter doch ein klarer Fall.

|:*Komm, lauf los, mein kleiner Freund …*:|

**3.** Kleine Ponys, große Pferde
traben durch den Wald,
genießen Pfützen, Matsch und Moos,
ihr Wiehern freudig laut erschallt.

|:*Komm, lauf los, mein kleiner Freund …*:|

# Tanzbeschreibung
## Kleine Ponys – Große Pferde

**Aufstellung:** Alle Kinder stehen mit Blick zur Mitte im Kreis, die Hände sind in der Hüfte eingestützt.

| | | |
|---|---|---|
| **Intro** | mit den „Hufen" scharren und „wiehern" | 2 x 1–8 |
| **1. Strophe**<br>*Kleine Ponys,*<br>*große Pferde*<br>*grasen auf dem Feld.*<br>*Genießen Spiel, Spaß und das Wetter,*<br>*ob die Sonne scheint oder Regen fällt.* | in die Hocke gehen<br>aufstehen<br>Arme senkrecht in die Luft strecken<br>sich um die eigene Achse drehen | 2 x 1–8<br>1–2<br>3–4<br>5–8<br>9–16 |
| **Refrain (2 x)** | frei durch den Raum galoppieren | 4 x 1–8<br>+ 1–4 |
| **Instrumentalteil 1** | in den Kreis zurückkommen, Hände geben<br>(um den Kreis zu formen), Hände lösen | 6 x 1–8 |
| **2. Strophe** | wie 1. Strophe | 2 x 1–8 |
| **Refrain (2 x)** | s. o. Refrain | 4 x 1–8<br>+ 1–4 |
| **Instrumentalteil 2** | in den Kreis zurückkommen, Hände geben,<br>im Kreis rechts herum gehen<br>im Kreis rechts herum galoppieren<br>stehen, warten, Gesicht zur Mitte<br><br>im Kreis links herum gehen<br>stehen, Hände lösen, Gesicht zur Mitte | 6 x 1–8<br>1–16<br>17–32<br>33–48<br>1–4<br>2 x 1–8<br>1–12<br>13–16 |
| **3. Strophe** | wie 1. Strophe | 2 x 1–8 |
| **Refrain (2 x)** | s. o. Refrain | 4 x 1–8<br>+ 1–4 |
| **Instrumentalteil 1** | s. o. Instrumentalteil 1 | 2 x 1–8 |

# Didaktische Tipps

Der schwierigste Teil des Tanzes für die Kinder ist das Zurückkommen in den Kreis.

✳ **Track 9** auf der CD spielt daher 4 x den Refrain mit dem anschließenden Instrumentalteil, während dem die Kinder zurück in einen Kreis kehren sollen. Anfangs können Sie beim Heranwinken der Kinder zu dieser Passage im Rhythmus mitsingen. Hierfür eignet sich beispielsweise die Phrase:

*„Kommt, kommt, Kinderlein, kommt,*
*kommt schnell wieder zu mir her.*
*Kommt, kommt, Kinderlein, kommt,*
*kommt schnell zu mir her."*

Die Kinder sollten sich anschließend kurz die Hände reichen, damit sich eine ungefähre Kreisform wieder ausbilden kann.

**Dresscodetipps für eine Aufführung:** Jeans und gleichfarbige T-Shirts

## Tanz-Variante
# Kleine Ponys – Große Pferde

**Aufstellung:** Die Kinder stehen in Dreiergruppen im Raum verteilt zusammen.

| | | |
|---|---|---|
| **Intro** | auf der Stelle mit den „Hufen" scharren und „wiehern" | **2 x 1–8** |
| **1. Strophe** *Kleine Ponys,* *große Pferde* *grasen auf dem Feld.* | in die Hocke gehen aufstehen Hände sind hinter dem Rücken, Oberkörper nach vorne beugen, Kaubewegung machen | **2 x 1–8** 1–2 3–4 5–8 |
| *Genießen Spiel, ... Regen fällt.* | Hände fassen und im Kreis gehen | 9–16 |
| **Refrain (2x)** *Komm, lauf los, mein kleiner Freund.* *Komm und sei schnell wie der Wind.* *Komm, lauf weiter, kleiner Freund,* *hühott, wir reiten ganz geschwind.* | 2 Kinder (Pferde) stehen sich gegenüber und reichen sich die Hände. Kind 3 (ReiterIn) steht mit Blick zu den Armen der beiden Kinder und legt jeweils eine Hand auf einen Arm (s. Abb.), die beiden „Pferde" galoppieren im Seitgalopp durch den Raum, während ihr „Reiter" sie im Pferdchenhüpfer lenkt | **4 x 1–8** **+ 1–4** |
| **Instrumentalteil 1** | wie Intro | **2 x 1–8** |
| **2. Strophe** *Kleine Ponys,* *große Pferde,* *stehn in ihrem Stall.* *Genießen Stroh, ... klarer Fall.* | in die Hocke gehen aufstehen still stehen bleiben Hände fassen und im Kreis gehen | **2 x 1–8** 1–2 3–4 5–8 9–16 |
| **Refrain (2 x)** | s. o. Refrain | **4 x 1–8** **+ 1–4** |
| **Instrumentalteil 2** | wie Intro | **6 x 1–8** **+ 1–4** **+ 2 x 1–8** |

| 3. Strophe | | 2 x 1–8 |
|---|---|---|
| *Kleine Ponys,* | in die Hocke gehen | 1–2 |
| *große Pferde,* | aufstehen | 3–4 |
| *traben durch den Wald.* | umdrehen, Popo rausstrecken und wackeln | 5–8 |
| *Genießen Pfützen,... laut erschallt.* | Hände fassen und im Kreis gehen | 9–16 |
| **Refrain (2 x)** | s. o. Refrain | 4 x 1–8<br>+ 1–4 |
| **Instrumentalteil 1** | wie Intro | 2 x 1–8 |

# Mein kleiner Cowboy

**Refrain**

Mein klei-ner Cow-boy rei-tet quer durchs Land, hält die Zü-gel fest in sei-ner Hand. Er

ga-lop-piert und sprin-tet mit dem Wind, mein klei-ner Cow-boy rei-tet pfeil-ge-schwind.

**Strophe**

Auf mei-nen Cow-boy ist im-mer Ver-lass. Er bringt die Rin-der si-cher ü-bern Pass.

Dann jagt er sie durch die Wei-ten der Prä-rie und ver-liert da-bei nie-mals ein Vieh.

*Mein kleiner Cowboy reitet quer durchs Land,*
*hält die Zügel fest in seiner Hand.*
*Er galoppiert und sprintet mit dem Wind,*
*mein kleiner Cowboy reitet pfeilgeschwind.*

**1.** Auf meinen Cowboy ist immer Verlass.
Er bringt die Rinder sicher übern Pass.
Dann jagt er sie durch die Weiten der Prärie
und verliert dabei niemals ein Vieh.

   *Mein kleiner Cowboy reitet quer durchs Land …*

**2.** Und nimmt ein kleines Kälbchen mal Reißaus,
dann holt mein Cowboy sein starkes Lasso raus.
Schwingt es surrend durch die klare Luft
und fängt so den naseweisen Schuft.

   *Mein kleiner Cowboy reitet quer durchs Land …*

**3.** Ab und zu nimmt er am Rodeo teil.
Reitet ohne Zügel und auch ohne Seil.
Hält sich gekonnt auf jedem wilden Pferd,
darum wird er von allen sehr verehrt.

   *Mein kleiner Cowboy reitet quer durchs Land …*

**4.** Das Cowboyleben ist ein Abenteuer,
abends sitzt er meist bei einem Feuer.
Dort schläft er unterm Himmelszelt,
genießt, wie gut sein Leben ihm gefällt.

   *Mein kleiner Cowboy reitet quer durchs Land …*

# Tanzbeschreibung I
## Mein kleiner Cowboy

**Vorbereitung:** Jedes Kind sucht sich einen Tanzpartner.
**Aufstellung:** Die Paare stellen sich im Raum verteilt einander gegenüber.

| | | |
|---|---|---|
| **Intro** | | **4 x 1–8** |
| | die linke Hand einstützen, mit der rechten Hand imaginär ein Lasso über dem Kopf schwingen, mit der Hüfte wackeln | 1–24 |
| | die Paare reichen sich ihre rechten Hände | 25–28 |
| | dann auch die linken Hände – bleiben in Kreuzfassung und drehen sich so, dass sie seitlich nebeneinander stehen (die Hände bleiben während Refrain und Strophen die ganze Zeit gefasst!) | 29–32 |
| **Refrain** <br> *Mein kleiner Cowboy reitet quer durchs Land, hält die Zügel … Hand. Er galoppiert … Wind, mein kleiner Cowboy reitet pfeilgeschwind.* | 8 Schritte vorwärts gehen, am Ende eine halbe Drehung durch ihre Mitte <br> Wiederholung <br> Wiederholung <br> Wiederholung, am Ende drehen sich die Kinder so, dass sie sich wieder gegenüber stehen | **4 x 1–8** <br> 1–8 <br> <br> 9–16 <br> 17–24 <br> 25–32 |
| **1. Strophe** <br> *Auf … übern Pass. Dann jagt er … ein Vieh.* | Seitgalopp um die eigene Paarachse <br> Richtungswechsel | **4 x 1–8** <br> 1–16 <br> 17–32 |
| **Instrumentalteil** | Hände lösen, Bewegung s. o. Intro | **4 x 1–8** |
| **Refrain** | s. o. Refrain | **4 x 1–8** |
| **2. Strophe** | wie 1. Strophe | **4 x 1–8** |
| **Instrumentalteil** | Hände lösen, Bewegung s. o. Intro | **4 x 1–8** |
| **Refrain** | s. o. Refrain | **4 x 1–8** |

| | | |
|---|---|---|
| **3. Strophe** | wie 1. Strophe | **4 x 1–8** |
| **Instrumentalteil** | Hände lösen, Bewegung s. o. Intro | **4 x 1–8** |
| **Refrain** | s. o. Refrain | **4 x 1–8** |
| 4. Strophe | wie 1. Strophe | **4 x 1–8** |
| **Instrumentalteil** | Hände lösen, Bewegung s. o. Intro | **4 x 1–8** |
| **Refrain** | s. o. Refrain | **4 x 1–8** |

## Didaktische Tipps

Damit die Kinder wissen, welche Hände zueinander gehören, können Sie den Kleinen entweder ein weiches Haargummi um ihr rechtes Handgelenk geben oder mit einem Schminkstift einen farbigen Punkt auf den Handrücken tupfen.

## Variante
## Mein kleiner Cowboy – Kreistanz

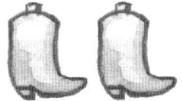

Der Tanz lässt sich mit einigen kleinen Änderungen auch schön im Kreis tanzen. Hierfür stellen sich die Kinder in einem Innen- und einem Außenstirnkreis auf. Die Tanzpaare stehen sich gegenüber.
Die Bewegungen des Intros bleiben erhalten, allerdings reichen sich die Kinder am Ende nur ihre rechten Hände und legen dann ihre Handflächen und ihre Unterarme aneinander.
Während des ersten Teils des Refrains drehen sich die Kinderpaare rechts herum um die eigene Achse, ihre freie Hand stützen sie dabei in ihrer Hüfte ein.
Während des zweiten Teils wechseln sie die Arme und drehen sich links herum.

Für die Strophen bleibt der Seitgalopp erhalten. Jedoch galoppieren die Kinder nun auf der Kreisbahn. Erklingt der Instrumentalteil, schwingen die Kleinen wieder ihr imaginäres Lasso und wackeln mit der Hüfte. Der Innenkreis bleibt dabei stehen, die äußeren Kinder gehen jeweils ein Kind weiter, so dass neue Paarungen entstehen.

**Dresscodetipps für eine Aufführung:** Jeans, weißes Hemd oder T-Shirt, rotes Halstuch

# Mein kleiner Cowboy - Tanzspiel

*So ein Cowboy hat ganz schön viel zu tun. Er muss die Viehherden durch das Land treiben und dabei aufpassen, dass ihm kein Tier verloren geht. Dafür muss er sein Lasso sehr gut werfen können und es natürlich zwischendurch auch immer wieder neu aufwickeln.*

**Material:** pro Kind 1 Reifen
**Vorbereitung:** die Reifen im Raum auslegen
**Aufstellung:** jedes Kind steht in einem Reifen

### 4 x 1–8 Intro/Instrumentalteil

1–16 Während des ersten Teils des Intros, bzw. der Instrumentalteile des Stückes bleiben die Kinder am Platz stehen und rollen ihre Unterarme umeinander – erst oben in der Luft, dann unten in Kniehöhe.

17–32 In der zweiten Hälfte (nach 16 Schlägen) schwingen die Kinder ein imaginäres Lasso in der Luft. Erst mit rechts, dann mit links. Alternativ kann bei kleinen Kindern das Umeinanderrollen der Unterarme auch wiederholt werden.

### 4 x 1–8 Refrain

1–32 Zu dem Refrain hüpfen die Kinder frei durch den Raum um alle Reifen herum. Am Ende sollte jedes Kind bei einem Reifen zum Stehen kommen.

### 4 x 1–8 Strophe

1–32 Die Kinder gehen während der Strophe mit eingestützten Händen um einen Reifen herum. Lässiger sieht dies natürlich aus, wenn sie stattdessen einfach die Daumen in ihren Hosenbund stecken.
Am Ende jeder Strophe tritt jedes Kind in seinen Reifen hinein und der Bewegungsablauf beginnt von vorne.

# Tanzbeschreibung II
## Mein kleiner Cowboy

**Vorbereitung:** Jedes Kind sucht sich einen Tanzpartner.
**Aufstellung:** Die Paare stehen sich mit etwas Abstand zueinander im Raum verteilt gegenüber.

| Intro | | **4 x 1–8** |
|---|---|---|
| | beide Daumen vorne in den Hosenbund stecken, Gewicht auf dem linken Fuß, rechter Fußballen steht leicht diagonal vorne, mit der rechten Ferse im Takt auf den Boden tippen, dabei gelassen nach rechts oben blicken | 1–8 |
| | Gewicht auf den rechten Fuß verlagern und mit der linken Ferse auf den Boden tippen, Blick nach links oben drehen. | 9–16 |
| | Luftgitarre spielen, Gewicht bleibt rechts, linke Ferse tippt weiter, Blick bleibt links oben | 17–24 |
| | Seitenwechsel nach rechts | 25–32 |
| **Refrain** Mein kleiner Cowboy reitet quer durchs Land, hält … in seiner Hand. Er galoppiert und sprintet mit dem Wind, | | **4 x 1–8** |
| | mit 4 Schritten vorwärts aufeinander zugehen | 1–4 |
| | mit 4 Schritten rückwärts auseinander gehen | 5–8 |
| | Wiederholung | 9–16 |
| | **Dosido:** in 8 Schritten umeinander gehen, **ohne** dabei die Blickrichtung zu ändern: vorwärts an den Schultern vorbei, Rücken an Rücken aneinander vorbei, rückwärts zum Ausgangsplatz zurück. | 17–24 |
| mein kleiner … pfeilgeschwind. | Wiederholung | 25–32 |
| **1. Strophe** Auf meinen … übern Pass. | | **4 x 1–8** |
| | rechte Arme in der Ellenbeuge einhaken und rechts um die eigene Paarachse hüpfen | 1–16 |
| Dann jagt er … niemals ein Vieh. | Richtungswechsel – linke Arme unterhaken | 17–32 |
| Instrumentalteil | Arme wieder lösen, Bewegung siehe Intro | **4 x 1–8** |

# Didaktische Tipps

Anfangs ändern die Kinder während des Umeinanderherumgehens gerne ihre Blickrichtung. Üben Sie daher den **Dosido-Part** des Refrains zunächst separat ohne Musik.

# Mein kleiner Cowboy - Sitztanz

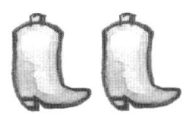

**Material:** Stühle
**Aufstellung:** alle Kinder sitzen gemeinsam in einem Stuhlkreis

| Intro/Instrumentalteil | | 4 x 1–8 |
|---|---|---|
| | mit der rechten Hand imaginär einen Hut zum Gruß vom Kopf ziehen | 1–4 |
| | den imaginären Hut wieder zurück auf den Kopf setzen | 5–8 |
| | Wiederholung mit links | 9–16 |
| | mit der rechten Hand ein imaginäres Lasso rechts oben in der Luft schwingen | 17–24 |
| | Wiederholung mit links | 25–32 |
| **Refrain** | | **4 x 1–8** |
| *Mein kleiner Cowboy* *reitet quer durchs Land,* | 8 Schritte im Sitzen am Platz, Hände liegen auf den Oberschenkeln | 1–8 |
| *hält die Zügel fest in seiner Hand. Er* | 8 Schritte am Platz, dabei aufstehen | 9–16 |
| *galoppiert und sprintet mit dem Wind,* *mein kleiner Cowboy reitet pfeilge-* *schwind.* | 15 Schritte im Kreis rechts herum gehen, am Ende setzt sich jedes Kind auf den Stuhl, vor dem es gerade steht | 17–32 |
| **1. Strophe** | | **4 x 1–8** |
| *Auf* | die rechte Ferse diagonal nach vorne tippen | 1 |
| *meinen* | den Fuß zurück neben den linken setzen | 2 |
| *Cowboy ist immer Verlass.* | diese Bewegung 3 x wiederholen | 3–8 |
| *Er bringt die Rinder sicher übern Pass.* | Wiederholung der Bewegung mit dem linken Fuß | 9–16 |
| *Dann* | rechte Hand patscht auf rechten Oberschenkel | 17 |
| *jagt* | linke Hand patscht auf linken Oberschenkel | 18 |
| *er* | rechte Hand patscht an die linke Schulter | 19 |
| *sie* | linke Hand patscht an die rechte Schulter | 20 |
| *durch die Weiten ... ein Vieh.* | diese Klatschbewegung 3 x wiederholen | 21–32 |

# Der Sheriff-Song

Nr. 3

Refrain

Der She-riff hat-te im-mer viel zu tun, sorg-te für Ord-nung auch in dem Sa-

loon. Er trug den Stern ganz pflicht-und selbst-be-wusst o-ben

Strophe

links an sei-ner star-ken Brust. Ban-di-ten wa-ren völ-lig

chan-cen-los. Der She-riff war ganz ri-go-ros. Er sperr-te al-le ins Ge-

fäng-nis ein, dort sa-ßen sie dann ganz für sich al-lein.

SALOON

**Refrain**

*Der Sheriff hatte immer viel zu tun,*
*sorgte für Ordnung, auch in dem Saloon.*
*Er trug den Stern ganz pflicht- und selbstbewusst*
*oben links an seiner starken Brust.*

**1.** Banditen waren völlig chancenlos,
der Sheriff war ganz rigoros.
Er sperrte alle ins Gefängnis ein,
dort saßen sie dann ganz für sich allein.

*Der Sheriff hatte immer viel zu tun …*

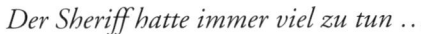

**2.** Der Sheriff hatte einen Deputy,
der half ihm mit großer Energie.
Auch er trug einen hellen Sheriffhut,
vertrat das Recht mit Edelmut.

*Der Sheriff hatte immer viel zu tun …*

**3.** Im wilden Westen ging es immer rund,
dort war viel los, der Tag war kunterbunt.
Doch für Recht hat der Sheriff gut gesorgt,
so lebte jeder völlig unbesorgt.

*Der Sheriff hatte immer viel zu tun …*

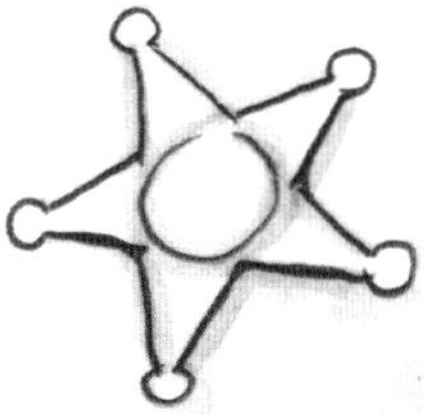

# Tanzbeschreibung I
## Der Sheriff-Song

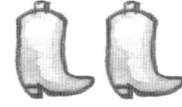

**Aufstellung:** alle Kinder stehen in einer Blockaufstellung

| | | |
|---|---|---|
| **Intro** | warten | **1x1–4** **2 x 1–8** |
| **Refrain** *Der Sheriff hatte immer viel zu tun, sorgte für Ordnung, auch in dem Saloon.* | rechts beginnend 4 Schritte vorwärts, den rechten Fuß vor dem linken kreuzen, mit dem linken Fuß einen Schritt nach hinten gehen, mit dem rechten Fuß einen Schritt zur Seite gehen, den linken Fuß neben den rechten Fuß stellen | **4 x 1–8** 1– 8 9–16 |
| *Er trug den Stern ganz pflicht- und selbstbewusst* *oben links an* *seiner starken Brust.* | rechts beginnend 4 Schritte rückwärts, den linken Arm zur Seite anwinkeln, Finger spreizen die rechte Hand an die linke Brust legen | 17–24 25–28 29–32 |
| **1. Strophe** *Banditen waren völlig chancenlos,* *der Sheriff war ganz rigoros.* *Er sperrte alle ins Gefängnis ein,* | 2 Schritte nach rechts (Seitnachstellschritt) 2 Seitnachstellschritte nach links *Tippschritt rechts:* rechten Fuß nach hinten dann nach vorne und wieder nach hinten tippen und neben den linken Fuß stellen – dabei Oberkörper und Arme vor und zurück mitnehmen | **4 x 1–8** 1–8 9–16 17–24 |
| *dort saßen sie dann* *ganz für sich allein.* | *Tippschritt links:* gleiche Bewegung mit dem linken Fuß | 25–32 |
| **Instrumentalteil** | mit kleinen Schritten eine Vierteldrehung nach rechts | **2 x 1–8** |
| **Refrain** | s. o. Refrain | **4 x 1–8** |
| **2. Strophe** | wie 1. Strophe | **4 x 1–8** |
| **Instrumentalteil** | mit kleinen Schritten ¼ Drehung nach rechts | **2 x 1–8** |

| Refrain | s. o. Refrain | **4 x 1–8** |
|---|---|---|
| **3. Strophe** | wie 1. Strophe | **4 x 1–8** |
| **Instrumentalteil** | mit kleinen Schritten $1/2$ Drehung nach rechts | **2 x 1–8** |
| **Refrain** | s. o. Refrain, dabei am Ende die rechte Hand auf die Brust klopfen, statt sie nur an die Brust zu legen | **6 x 1–8** |

# Didaktische Tipps

❖ **Track 10** der CD spielt 12 x die Instrumentalversion des **Refrains**. Dabei ist das Intro immer noch einmal vorangestellt, so dass die Kinder den Einsatz leichter finden.

- Damit die Kinder ein Gefühl für die Musik entwickeln, führen Sie zunächst nur die Gehbewegungen der Zeilen 1 und 3 ein, d.h. in Zeile 1 gehen die Kinder 4 Schritte nach vorne, in Zeile 3 vier Schritte nach hinten, jeweils rechts beginnend, damit sich die Füße immer abwechseln. Während der Zeilen 2 und 4 warten die Kinder am Platz.
Sprechen Sie dabei: „*Schritt, Schritt, Schritt, Schritt. Stehn, stehn, stehn, stehn.*"

- In einem nächsten Schritt üben Sie auf die Musik des gesamten Refrains die Kreuzschrittabfolge, die später zu Zeile 2 eingesetzt wird.
Sprechen Sie dazu: „*Kreuzen, Rück und Seite, ran.*"

- Wenn alle Kinder dies umsetzen können, fügen Sie die Bewegungen der Zeilen 1–3 zusammen. Sprechen Sie dabei anfangs noch mit.

- Als Letztes führen Sie die Armbewegung zu Zeile 4 ein.

❖ **Track 11** der CD spielt 12 x die Instrumentalversion der **Strophe**. Dazwischen ist immer der Instrumentalteil eingefügt, bei dem die Kinder einfach warten. Auf diese Weise findet jedes Kind seinen Einsatz leichter.

- Üben Sie zunächst den Seitnachstellschritt und anschließend den Tippschritt.
Als Unterstützung können Sie die Kinder verbal begleiten, z. B.: „*Seite, ran, Seite, tipp. Seite, ran, Seite, tipp.*", bzw. „*Rück, vor, Rück, ran. Rück, vor, Rück, ran.*"

- Fügen Sie dann beides zusammen.

### Dresscodetipps für eine Aufführung:
Jeans, weißes Hemd oder T-Shirt, Sheriff-Hut, Sheriff-Stern aus Papier oder Filz

# Tanzbeschreibung II
## Der Sheriff-Song

**Vorbereitung:** Jedes Kind sucht sich einen Partner, wenn möglich sollten immer ein Junge und ein Mädchen zusammen tanzen

**Aufstellung:** 4 Kinderpaare stehen hintereinander und bilden einen Kreis – die Mädchen stehen außen

| Intro | warten, dabei folgende Tanzhaltung einnehmen: Die Kinder reichen sich ihre jeweils linken Hände, die Mädchen haben ihre rechte Hand in der rechten Hüfte eingestützt, die rechte Hand der Jungen liegt auf dem Rücken des Mädchens (s. Abb. S. 30) | **1 x 1–4 + 2 x 1–8** |
|---|---|---|
| **Refrain** | | **4 x 1–8** |
| *Der Sheriff hatte immer …* | die Kinderpaare gehen auf der Kreisbahn 12 Schritte vorwärts | 1–24 |
| *ganz pflicht- und selbstbewusst oben links an seiner starken Brust.* | die Paare lösen ihre Tanzhaltung auf und drehen sich mit dem Gesicht zur Kreismitte | 25–32 |
| **1. Strophe** | | **4 x 1–8** |
| *Banditen waren* | alle Kinder gehen am Platz, außer: 2 der 4 sich gegenüberstehenden Mädchen gehen mit 2 Schritten aufeinander zu, reichen sich dabei kurz ihre rechten Hände | 1–4 |
| *völlig chancenlos,* | und gehen mit 2 Schritten weiter zu dem Tanzpartner des anderen Mädchens – beide reichen sich ihre rechten Hände | 5–8 |
| *der Sheriff war ganz rigoros.* | das Mädchen geht mit 4 Schritten einmal um den Jungen herum, der Junge dreht sich mit | 9–16 |
| *Er sperrte alle ins Gefängnis ein, dort saßen sie dann ganz für sich allein.* | jedes der beiden Mädchen kehrt auf die gleiche Weise zum eigenen Partner zurück | 17–32 |

| Instrumentalteil | in die Ausgangsposition zurückkehren, dabei die Tanz-haltung wie unter Intro beschrieben einnehmen | **2 x 1–8** |
|---|---|---|
| **Refrain** | s o. Refrain | **4 x 1–8** |
| **2. Strophe** | wie 1. Strophe, jedoch andere Mädchen | **4 x 1–8** |
| **Instrumentalteil** | s. o. Instrumentalteil | **2 x 1–8** |
| **Refrain** | s. o. Refrain | **4 x 1–8** |
| **3. Strophe** | die Jungen gehen am Platz<br>die Mädchen gehen in die Kreismitte, legen ihre rechten Hände aufeinander<br>sie gehen 12 Schritte auf der Kreisbahn vorwärts<br>jedes Mädchen kehrt zu seinem Jungen zurück | **4 x 1–8**<br>1–4<br><br>5–28<br>29–32 |
| **Instrumentalteil** | s. o. Instrumentalteil | **2 x 1–8** |
| **Refrain** | s. o. Refrain, dabei am Ende die rechte Hand auf die Brust klopfen, statt sie nur an die Brust zu legen | **4 x 1–8** |

# Didaktische Tipps

Diese Choreografie mit typischen Elementen des Square Dance hält zwei Herausforderungen für die Kinder bereit.

- Zum einen ist es die Tanzhaltung, die in der Regel den meisten Kindern unbekannt ist.
- Die zweite Herausforderung stellt der kurze Platztausch der beiden gegenüberstehenden Mädchen dar.

# Übung Tanzhaltung    **Übungstrack 10**

Um das schnelle Einnehmen der Tanzhaltung zu üben, ist ein kleines Musikstoppspiel von Vorteil. Hierbei stehen die Kinder paarweise nebeneinander und gehen am Platz, solange die Musik läuft. Stoppt die Musik, nehmen sie die Tanzhaltung ein.

Wenn es recht gut klappt, kann die Musik auch entgegengesetzt eingesetzt werden: Ist die Musik zu hören, gehen die Kinder in Tanzhaltung durch den Raum. Stoppt die Musik, bleiben sie stehen, lösen die Tanzhaltung und stellen sich nebeneinander. Erklingt wieder die Musik, so kehren sie in die Tanzhaltung zurück und gehen gemeinsam weiter.

**Tipp:** Vielen Kindern hilft es, wenn ihre linke Hand entweder mit einem Farbpunkt oder ihr Handgelenk mit einem weichen Haargummi markiert wird, um schneller erfassen zu können, welche Hände bei der Tanzhaltung zueinander gehören.

# Übung Platztausch

 Übungstrack 11

Üben Sie den Platztausch, indem sich immer zwei Kinderpaare gegenüberstehen.
Anfangs empfehlen wir, die Kinder nur verbal zu begleiten, z. B. indem Sie sprechen: „*Vor, vorbei, vor.
Um den Partner rum. Vor, vorbei, vor. Um den Partner rum.*"
Anschließend versuchen Sie es mit der Musik.

# Im wilden Wilden Westen

**Nr. 4**

Refrain

Im wil-den wil-den Wes-ten, da ging es im-mer rund. Im

wil-den Wil-den Wes-ten war das Le-ben kun-ter-bunt. Die Cow-boys und In-di-a-ner

leb-ten in dem Land am Mis-sis-sip-pi-u-fer, das ist doch be-kannt. In-di-

Strophe

a-ner-stäm-me gab es wirk-lich viel. Al-le hat-ten ei-nen eig-nen Le-bens-

stil. Die Sioux und die Ko-mant-schen, Chey-enne und auch A-pa-chen warn

da-mals schon be-rühmt und wer-den auch noch heu-te ziem-lich viel ge-rühmt.

*Im wilden, wilden Westen,*
*da ging es immer rund.*
*Im wilden, wilden Westen*
*war das Leben kunterbunt.*
*Die Cowboys und Indianer lebten in dem Land*
*am Mississippiufer, das ist doch bekannt.*

**1.** Indianerstämme gab es wirklich viel,
alle hatten einen eignen Lebensstil.
Die Sioux und die Komantschen,
Cheyenne und auch Apachen
war'n damals weit bekannt,
und werden auch noch heute ziemlich oft genannt.

*Im wilden, wilden Westen …*

**2.** Die Cowboys trieben Pferde durch die Prärie,
auch manche Rinderherde – einfach war das nie.
Die Stiefel mit den Sporen,
den Hut über den Ohren,
das Lasso in der Hand,
zogen sie gemeinsam durch das große, weite Land.

*Im wilden, wilden Westen …*

**3.** In Städten gab es Händler, Sheriff und Saloon,
allerlei Geschäfte und immer was zu tun.
Man spielte gerne Karten
auf ganz verschiedne Arten,
gefeiert wurde jeden Tag
und mancher wurde reich durch 'nen Goldschürfvertrag.

*Im wilden, wilden Westen …*

# Tanzbeschreibung
## Im wilden Wilden Westen

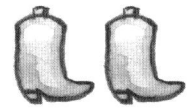

**Vorbereitung:** Jedes Kind sucht sich einen Tanzpartner.
**Aufstellung:** Die Tanzpaare stehen nebeneinander in einem großen Viereck.

| Intro | warten | 1 x 1–4 |
|---|---|---|
| **Refrain** | | **4 x 1–8** |
| *Im wilden Wilden Westen da ging es immer rund.* | Die Kinder von 2 gegenüberstehenden Linien gehen in 8 Schritten aufeinander zu. Auf den letzten Schlag klatschen die sich jetzt gegenüberstehenden Kinder ihre Hände in Brusthöhe aneinander. Alle anderen Kinder gehen am Platz und klatschen am Ende in ihre eigenen Hände. | 1–8 |
| *Im wilden, wilden Westen war das Leben kunterbunt.* | Die Kinder in der Mitte gehen 8 Schritte rückwärts, alle anderen gehen am Platz, auf den letzten Schlag klatschen alle einmal in ihre Hände. | 9–16 |
| *Die Cowboys ... doch bekannt.* | Die Reihen tauschen die Bewegungen | 17–32 |
| **1. Strophe** | | **5 x 1–8** |
| *Indianerstämme gab es wirklich viel.* | Die Paare reichen einander die Hände und drehen sich im Kreis um die eigene Achse | 1–16 |
| *Alle hatten einen eignen Lebensstil. Die Sioux und die Komantschen,* | Ausfallschritt nach rechts, rechtes Bein dabei beugen, linkes Bein strecken, Oberkörper nach rechts neigen | 17–18 |
| | rechtes Bein wieder anstellen | 19–20 |
| *Cheyenne und auch Apachen* | Wiederholung mit dem linken Bein | 21–24 |
| *warn damals weltberühmt,* | Wiederholung mit dem rechten Bein | 25–28 |
| *und werden auch noch heute ziemlich viel gerühmt.* | Kinder drehen sich im Kreis um die eigene Achse | 29–40 |
| **Bridge** | in die Aufstellungsposition zurückkehren | **1 x 1–4** |
| **Refrain** | s. o. Refrain | **4 x 1–8** |
| **2. Strophe** | wie 1. Strophe | **5 x 1–8** |

| Bridge | wie 1. Strophe | 1 x 1–4 |
|---|---|---|
| Refrain | s. o. Refrain | 4 x 1–8 |
| 3. Strophe | wie 1. Strophe | 5 x 1–8 |
| Bridge | wie 1. Strophe | 1 x 1–4 |
| Refrain | s.o. Refrain | 4 x 1–8 |
| Refrain (instrumental) | Kinder tanzen frei durch den Raum | 4 x 1–8 |
| Refrain (instrumental) | Kinder tanzen frei durch den Raum | 4 x 1–8 |

# Didaktische Tipps

Neben dem Ausfallschritt sind für die Kinder häufig die beiden Übergänge am schwierigsten.

❋ **Track 12** gibt daher die Instrumentalversion des Refrains mit den beiden sich anschließenden Zeilen der folgenden Strophe wieder.

Anschließend ist eine kurze Pause zu hören, gefolgt von vier leisen Schlägen, die das Zeichen für die erneute Einspielung des Refrains sind, so dass die Kinder wissen, wann sie wieder nach vorne gehen müssen.

❋ **Track 13** beginnt musikalisch bei der dritten Strophenzeile. Hierfür stellen sich die Kinder paarweise gegenüber auf und reichen sich beide Hände. Nun können sie die Ausfallschritte sowie die Passage des Übergangs in die alte Ausgangsposition üben.

Eine kurze Pause sowie vier leise Schläge dienen als akustisches Zeichen, um eben diesen Bewegungsablauf mehrfach hintereinander üben zu können.

**Dresscodetipps für eine Aufführung:**
Cowboyhüte und Indianerkopfschmuck

# Tanz-Variante
# Im wilden Wilden Westen

**Aufstellung:** Innen- und Außenkreis, die Kinder stehen etwas versetzt auf Lücke

| Intro | warten | 1 x 1–4 |
| --- | --- | --- |
| **Refrain**<br>*Im wilden, wilden Westen …* | jedes Kind reicht seinem rechts diagonal gegen-überstehenden Kind die rechte Hand und tauscht mit ihm seinen Platz, auf diese Weise bewegen sich die Kinder durch den Kreis | **4 x 1–8**<br>1–32 |
| **1. Strophe**<br>*Indianerstämme gab es wirklich viel.*<br>*Alle hatten einen eignen Lebensstil.* | jedes Kind reicht dem Kind, dem es jetzt gegen-übersteht beide Hände und dreht sich mit ihm um die eigene Achse | **5 x 1–8**<br>1–16 |
| *Die Sioux und die* | die Kinder lösen ihre Hände und stützen sie in ihre Hüfte ein, beugen 1 x kurz ihre Beine | 17–18 |
| *Komantschen,* | Beine wieder strecken | 19–20 |
| *Cheyenne und auch* | Beine ein klein wenig beugen | 21–22 |
| *Apachen* | Beine wieder strecken | 23–24 |
| *war'n damals* | Beine ein klein wenig beugen | 25–26 |
| *weltberühmt,* | Beine wieder strecken | 27–28 |
| *und werden auch noch heute*<br>*ziemlich viel gerühmt.* | jedes Kind dreht sich 1 x um die eigene Achse, Hände bleiben in der Hüfte eingestützt | 29–40 |
| **Bridge** | warten | 1 x 1–4 |

# Ein Indianertag

**Refrain**

Ein In-di - a -ner-tag ist vol-ler A-ben-teu-er, vom Son-nen-auf-gang bis zum

A-bend-feu - er. Der Na-tur sind wir er-ge - ben, denn dort gibt es ganz

**Wildes Indianergeheul**

viel zu er-le - ben.

**Strophe**

Kommt, wir sei - len uns al - le an, auf den Berg gehn al - le Mann. Wir

sam-meln Ad - ler-fe-dern ein und fär-ben uns gleich ganz bunt ein.

Komm, wir zie - hen uns die Fe-dern an, auf die Jagd gehn al - le Mann. Wir

rei-ten durch das Step-pen-gras und ha-ben je - de Men-ge Spaß!

*Ein Indianertag ist voller Abenteuer
vom Sonnenaufgang bis zum Abendfeuer.
Der Natur sind wir ergeben,
denn dort gibt es ganz viel zu erleben.*

**1.** Kommt, wir seilen uns alle an,
auf den Berg gehn alle Mann.
Wir sammeln Adlerfedern ein
und färben sie gleich ganz bunt ein.

**2.** Kommt, wir ziehen uns die Federn an,
auf die Jagd gehn alle Mann.
Wir reiten durch das Steppengras
und haben jede Menge Spaß.

*Ein Indianertag ist voller Abenteuer …*

**3.** Kommt, wir sehen uns die Spuren an,
auf die Knie gehn alle Mann.
So folgen wir dem braunen Bär'
und schleichen leise hinterher.

**4.** Kommt, wir fachen uns ein Feuer an,
zu dem Fluss gehn alle Mann.
Wir fangen Fische mit der Hand
und braten sie sogleich an Land.

*Ein Indianertag ist voller Abenteuer …*

**5.** Kommt wir fangen mit dem Wettkampf an,
auf die Plätze alle Mann.
Wir schleichen um den Marterpfahl
mit viel Geschick ein letztes Mal.

**6.** Kommt, wir hören uns die Trommel an,
zurück ins Lager alle Mann.
Ein Feuer leuchtet in die Welt,
wir tanzen unterm Sternenzelt.

*Ein Indianertag ist voller Abenteuer …*

# Tanzbeschreibung
## Ein Indianertag

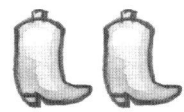

**Material:** Klebepunkte
**Vorbereitung:** Großen Kreis mit Klebepunkten (pro Kind 1 Punkt) auf dem Boden markieren.
**Aufstellung:** Die Kinder bilden zwei gleich große Gruppen, die jeweils in einer der beiden hinteren Raumecken stehen.

| | | |
|---|---|---|
| **Intro** | warten | **2 x 1–8** |
| **Instrumentalteil 1** | Die Kinder laufen mit Indianergeheul auf ihren Aufstellungsplatz, der mit einem der Klebepunkte markiert ist | **2 x 1–8** |
| **Refrain** *Ein Indianertag ... viel zu erleben.* | hintereinander vorwärts auf der Kreisbahn stampfen | **4 x 1–8** 1–32 |
| **Instrumentalteil 2** | stehen bleiben, mit Indianergeheul 1/4 Drehung, Rücken zeigt zur Kreismitte | **2 x 1–8** 1–16 |
| **1. Strophe** *Kommt, wir seilen uns jetzt an,* *auf den Berg gehn alle Mann.* *Wir sammeln Adlerfedern ein* *und färben sie gleich ganz bunt ein.* | mit beiden Händen ein imaginäres Seil fassen, Hände immer wieder übereinander setzen Hände deuten in Stirnhöhe einen Berg an Hände greifen im Wechsel über dem Kopf nach oben in die Hocke gehen, mit den Fingerspitzen auf den Boden tippen | **4 x 1-8** 1–8 9–16 17–24 25–32 |
| **2. Strophe** *Kommt, wir ziehen uns die Federn an,* *auf die Jagd gehn alle Mann.* *Wir reiten durch das Steppengras* *und haben jede Menge* *Spaß.* | aufstehen, die Hände als Federn hinter den Kopf nehmen am Platz marschieren Pferdchenhüpfer vorwärts 6 Schritte rückwärts gehen und die Arme nach vorne strecken Okay-Zeichen mit Daumen nach oben zeigen | **4 x 1-8** 1–8 9–16 17–24 25–31 32 |

| Refrain | s. o. Refrain | 4 x 1–8 |
|---|---|---|
| **Instrumentalteil 2** | s. o. Instrumentalteil 2 | **2 x 1–8** |
| **3. Strophe**<br>*Kommt, wir sehen uns*<br>*die Spuren an,*<br><br>*auf die Knie gehn alle Mann.*<br>*So folgen wir dem braunen Bär*<br>*und schleichen leise hinterher.* | Ausfallschritt nach rechts, dabei den Oberkörper mitführen und eine Handkante an die Augenbrauen legen<br>in den Kniestand gehen<br>im Vierfüßler vorwärts gehen<br>im Vierfüßler rückwärts gehen | **4 x 1–8**<br>1–8<br><br><br>9–16<br>17–24<br>25–32 |
| **4. Strophe**<br>*Kommt, wir fachen uns*<br>*ein Feuer an,*<br>*zu dem Fluss gehn alle Mann.*<br><br>*Wir fangen Fische*<br><br>*mit der Hand*<br>*und braten sie sogleich an Land.* | aufstehen, dabei die Handballen aneinander legen und mit den Fingern zappeln<br>am Platz vorwärts gehen, vor dem Körper mit einer Hand Wellenbewegung andeuten<br>in die Hocke gehen, dabei eine große Greifbewegung mit einer Hand, aufstehen<br>Wiederholung, dabei greift die andere Hand<br>Handaußenkanten aneinander legen, die Handflächen zeigen nach oben | **4 x 1–8**<br>1–8<br><br>9–16<br><br>17–20<br><br>21–24<br>25–32 |
| **Refrain** | s. o. Refrain | **4 x 1–8** |
| **Instrumentalteil 2** | s. o. Instrumentalteil 2 | **2 x 1–8** |

| | | |
|---|---|---|
| **5. Strophe** | | **4 x 1–8** |
| *Kommt wir … Wettkampf an,* | 8 Schritte vor, dabei boxen die Arme im Wechsel | 1–16 |
| *auf die Plätze alle Mann.* | nach vorne in die Luft | |
| *Wir schleichen um den Marterpfahl* | 8 Schritte rückwärts gehen, dabei die Arme hinter | 17–32 |
| *mit viel Geschick ein letztes Mal.* | dem Rücken verschränken | |
| **6. Strophe** | | **4 x 1–8** |
| *Kommt, wir hören uns* | die Hände im Wechsel an die Ohren legen | 1–8 |
| *die Trommel an,* | | |
| *zurück ins Lager* | große „Rückholbewegung" mit beiden Armen | 9–12 |
| *alle Mann.* | Wiederholung | 13–16 |
| *Ein Feuer leuchtet in die Welt,* | Arme über den Kopf führen, Handballen | 17–24 |
| | aneinander legen und mit den Fingern zappeln | |
| *wir tanzen unterm Sternenzelt.* | 1 x um die eigene Achse drehen, in die Hocke gehen | 25–32 |
| **Refrain** | s. o. Refrain | **4 x 1–8** |
| **Instrumentalteil** | | **4 x 1–8** |
| | s. o. Instrumentalteil 1 | 1–16 |
| | mit Indianergeheul in die Ecken gehen | 17–32 |

# Didaktische Tipps

Führen Sie das Lied zu Beginn als Bewegungslied ohne die Kreisform ein. Dabei sollten auch zunächst nur die ersten beiden Strophen gesungen werden. Nach und nach können dann im Laufe der nächsten Tage die Strophen 3–6 hinzugenommen werden.

❀ **Track 14** auf der CD spielt 6 x die Melodie des Refrains sowie den nachfolgenden Instrumentalteil. Falls Sie eine Aufführung planen, können Sie hiermit die Drehung der Kinder sowie das Hintereinandergehen auf der Kreisbahn einüben. Natürlich können Sie hier auch eine spielerische Komponente einbringen, indem immer ein Kind während des Instrumentalteils außen um die anderen Kinder herumlaufen darf.

**Tipps**

• Ältere Kinder können auch versuchen in einem typischen Indianergang auf der Kreisbahn zu gehen.

• **... für eine Aufführung:** Damit die Zuschauer die Bewegungen während der Strophen besser sehen können, drehen sich die Kinder zu Beginn der Instrumentalteile mit ihrem Gesicht zu den Zuschauern. Mit dem ersten Schlag des Refrains drehen sie sich zurück, so dass sie nun wieder hintereinander auf der Kreisbahn stehen.

**Dresscodetipps für eine Aufführung:** Indianerkopfschmuck, Jeans und einfarbiges T-Shirt

# Im Country-Rhythmus

**Strophe**

Wir hab'n den Coun-try-rhyth - mus in un-serm Blut. Der

Coun - try - rhyth - mus tut uns al - len su - per - gut.

Der macht gu - te Lau - ne und bringt Wild - wes - tern-spaß,

da - rum tan - zen wir durch das Step-pen-gras.

**Refrain**

Hey ho, yip-pi - ja - jey, Hey ho, yip-pi - ja - jo.

Hey ho, yip-pi - ja - jey, Hey ho, yip - pi - ja - jey.

**1.** Wir hab'n den Country-Rhythmus in unserm Blut.
Der Country-Rhythmus tut uns allen super gut.
Der macht gute Laune und bringt Wildwesternspaß,
darum tanzen wir durch das Steppengras.

|: *Hey ho, yippijajey.*
*Hey ho, yippijajo.*
*Hey ho, yippijajey.*
*Hey ho, yippijajey.* :|

**2.** Zu dritt oder zu sechst, das ist uns ganz egal,
denn wir wechseln eh ein paar Mal.
Manchmal drehen wir uns auch nur zu zweit,
doch alle machen mit und das zur gleichen Zeit.

|: *Hey ho, yippijajey …* :|

**3.** Vorwärts, rückwärts und dann sofort drehn.
Manchmal bleiben wir einfach auch mal stehn.
Wir schnipsen, reiben, klatschen mit unsrer Hand,
wie die coolen Cowboys im Wildwesternland.

|: *Hey ho, yippijajey …* :|

# Tanzbeschreibung I
## Im Country-Rhythmus

**Aufstellung:** Die Kinder stehen sich in einem Innen- und Außenkreis gegenüber.

| Intro | warten | 2 x 1–8<br>+ 1 x 4 |
|---|---|---|
| **1. Strophe**<br>*Wir hab'n den Country-Rhythmus in unserm Blut.*<br>*Der Country Rhythmus tut uns allen super gut.* | die sich gegenüberstehenden Kinder haken ihre rechten Arme unter und drehen sich rechts herum um die eigene Achse, ihre linken Hände sind in der Hüfte eingestützt | **4 x 1-8**<br>1–32 |
| *Der macht gute Laune und bringt Wildwesternspaß,*<br>*darum tanzen wir durch das Steppengras.* | die Kinder haken ihre linken Arme unter und drehen sich in die Gegenrichtung, ihre rechten Hände sind in der Hüfte eingestützt | **4 x 1-8**<br>1–30 |
| | die Kinder lösen ihre Verbindung und jedes Kind stellt sich wieder auf seine Kreisbahn | 31–32 |
| **Refrain**<br>*Hei* | auf die eigenen Oberschenkel patschen | **4 x 1–8**<br>1–2 |
| *ho,* | in die Hände klatschen | 3–4 |
| *yippijajey,* | 3 x gegen die Hände des Partnerkindes klatschen | 5–8 |
| *hei ho, yippijajo.* | Wiederholung | 9–16 |
| *Hei ho yippijajey* | Wiederholung | 17–24 |
| *Hei* | auf die eigenen Oberschenkel patschen | 25 |
| *ho* | in die Hände klatschen | 26 |
| *yippi-* | auf die eigenen Oberschenkel patschen | 27 |
| *ja-* | in die Hände klatschen | 28 |
| *jey.* | 1 x gegen die Hände des Partnerkindes klatschen | 29–32 |
| *Hei ho ... yippijajey* | Wiederholung der Klatschbewegung | **4 x 1–8**<br>1–32 |
| **Instrumentalteil** | die Partnerkinder reichen sich die Hände und gehen gemeinsam 4 Seitanstellschritte rechts<br>Hände lösen | **2 x 1–8**<br>**+ 1 x 4** |

Diese Bewegungen werden in den nachfolgenden Musikteilen wiederholt.

# Didaktische Tipps

Üben Sie mit den Kindern zunächst nur die Klatschkombination, indem Sie den Refrain in einem langsamen Tempo singen. Hierfür können die Kinder zunächst paarweise im Raum stehen, später sollten sie sich dann in einem Innen- und Außenkreis aufstellen.

✤ **Track 18** gibt den Refrain plus den sich anschließenden Instrumentalteil des Liedes wieder. Alternativ zu der oben beschriebenen Bewegung können auch alle Kinder vier Seitanstellschritte nach rechts gehen, so dass jedes Kind nun vor einem neuen Partner steht.

# Tanzspiel
## Im Country-Rhythmus

Während dieses Tanzspiels bewegen sich die Kinder frei durch den Raum.

**Strophen** Die Kinder hüpfen vorwärts durch den Raum. Auf den letzten Schlag bleiben sie stehen.

**Refrain** Während des Refrains erfolgt folgende Koordinationsübung:

| Refrain | | 8 x 1–8 |
|---|---|---|
| *Hei* | beide Hände tippen an die Hüfte | 1–2 |
| *ho,* | beide Hände tippen an die Brust | 3–4 |
| *yippija* | beide Hände tippen an den Kopf | 5–6 |
| *jey,* | beide Arme strecken sich senkrecht über den Kopf | 7–8 |
| *Hei ho…* | 7x wiederholen (1–8) | 9–64 |

**Instrumentalteil** Die Kinder drehen sich um die eigene Achse, schwingen mit einer Hand ein imaginäres Lasso über ihrem Kopf und stützen ihre andere Hand in die Hüfte ein.

# Tanzbeschreibung II
# Im Country-Rhythmus

**Aufstellung:** Gassenaufstellung – die Kinder stehen sich in zwei Linien gegenüber

| Intro | warten | 2 x 1–8<br>+ 1 x 4 |
|---|---|---|
| **1. Strophe** | | **4 x 1–8** |
| *Wir hab'n den Country-Rhythmus* | beide Daumenkuppen tippen auf den eigenen Brustkorb, Hände bilden Faust, Unterarme parallel zum Boden | 1–8 |
| *in userm Blut.* | Oberkörper von rechts nach links neigen, Daumen bleiben am Brustkorb, die angewinkelten Arme bewegen sich mit | 9–16 |
| *Der Country-Rhythmus* | rechte Hand mit Fingerschnippen nach vorne bringen. | 17–20 |
| *tut uns* | linke Hand in einer Fingerschnippbewegung nach vorne bringen | 21–24 |
| *allen super gut.* | Wiederholung Schnippbewegung rechts/links | 25–32 |
| | | **4 x 1–8** |
| *Der macht gute* | rechter Daumen zeigt ein „Okay"-Zeichen | 1–4 |
| *Laune* | linker Daumen zeigt ein „Okay"-Zeichen | 5–8 |
| *und bringt Wildwesternspaß,* | Wiederholung der „Okay"-Zeichen | 9–16 |
| *darum tanzen wir* | Hände übereinanderlegen, Arme über den Kopf heben, um die eigene Achse drehen | 17–24 |
| *durch das Steppengras.* | Hände in den Hüften einstützen, sich um die eigene Achse drehen, dabei anfersen (Fersen berühren bei jedem Schritt den Po) | 25–32 |
| **Refrain** | | **4 x 1–8** |
| *Hey ho, yippijajey* | die beiden ersten Kinder gehen in Tanzhaltung*, tanzen im Seitgalopp durch die Gasse und stellen sich ans Ende, alle anderen Kinder klatschen dazu | 1–8 |
| *hei ho, yippijajo* | 3 x Wiederholung des Seitgalopps | 9–32 |
| | | **4 x 1–8** |
| *Hei ho … yippijajey* | 4 x Wiederholung des Seitgalopps | 1–32 |

| | | |
|---|---|---|
| **Instrumentalteil** | 4 Seitanstellschritte in die Gegenrichtung<br>stehen | **2 x 1–8**<br>**+ 1 x 4** |
| **2. Strophe**<br>*Zu dritt oder zu sechst, das ist uns ganz egal,*<br>*denn wir wechseln eh ein paarmal.* | versetzt aufeinander zugehen, dass eine lange Linie entsteht<br>je 3 Kinder haken sich unter** und drehen sich umeinander | **4 x 1–8**<br>1–16<br><br>9–32 |
| *Manchmal drehen wir uns …*<br>*und das zur gleichen Zeit.* | vorwärts in die Ausgangslinie zurückgehen und sich wieder zueinander drehen | **4 x 1–8**<br>1–32 |
| **Refrain** | s. o. Refrain | **8 x 1–8** |
| **Instrumentalteil** | s. o. Instrumentalteil | **2 x 1–8**<br>**+ 1 x 4** |
| **3. Strophe**<br>*Vor-*<br>*wärts,*<br>*Rück-*<br>*wärts*<br>*und dann sofort drehn.*<br>*Manchmal bleiben wir einfach auch mal stehn.* | mit rechts einen Schritt vorwärts gehen<br>linker Fuß schließt neben dem rechten<br>mit links einen Schritt rückwärts gehen<br>rechter Fuß schließt neben dem linken<br>sich um die eigene Achse drehen<br>stehen bleiben | **4 x 1–8**<br>1–2<br>3–4<br>5–6<br>7–8<br>9–16<br>17–32 |
| *Wir schnipsen,*<br>*reiben,*<br>*klatschen*<br>*mit unsrer Hand,*<br><br>*wie die coolen Cowboys im Wild-*<br>*westernland.* | mit beiden Händen schnipsen<br>Handflächen 1x aneinander vorbei reiben<br>1x in die Hände klatschen<br>4x klatschen, indem die Hände senkrecht aneinander vorbeigeführt werden<br>linke Hand an der Hüfte, Hüfte kreisen, rechte Hand schwingt imaginäres Lasso | **4 x 1–8**<br>1–2<br>3–4<br>5–8<br>9–16<br><br>17–32 |
| **2 x Refrain** | s. o. Refrain | **16 x 1–8** |

\* alternativ zur Tanzhaltung können die Kinder auch eine Beidhandfassung einnehmen

\*\*Es können auch einmal nur zwei oder vier Kinder sich gemeinsam drehen

# Didaktische Tipps

Üben Sie zunächst nur den Bewegungsablauf der ersten Strophe, während Sie gleichzeitig dazu den Text singen.

❀ Anschließend können Sie **Track 15** anwählen, der 4 x Strophe 1 hintereinander abspielt.

**Track 16** spielt 4 x hintereinander Strophe 2. Strophe 3 wird von **Track 17** wiedergegeben. Den Seitgalopp zum Refrain und die sich anschließenden Seitnachstellschritte können Sie mit **Track 18** separat üben.

# Einfachere Variante

Eine einfachere Bewegungsvariante für alle Strophen ist die Folgende:

* Zu den jeweiligen Textzeilen 1–3 strecken die Kinder ihre Arme im Wechsel senkrecht über ihren Kopf, dabei versuchen sie die Hüfte mitzubewegen.

* Zu den Textzeilen 2 und 4 drehen sich die Kinder um die eigene Achse.

# Sitztanz
## Im Country-Rhythmus

**Aufstellung:** im Stuhlkreis steht jedes Kind hinter seinem Stuhl

| Intro | jedes Kind dreht die Lehne des Stuhls zur Mitte und setzt sich rittlings darauf | **2 x 1–8** **+ 1 x 4** |
|---|---|---|
| **1. Strophe** | | **4 x 1–8** |
| *Wir hab'n den Country-* | rechten Arm lang nach vorne strecken, Hand bildet eine Faust | 1–4 |
| *Rhythmus* | linke Faust auf die rechte Faust legen | 5–8 |
| *in userm Blut.* | beide Arme zu ihren Seiten hin öffnen, dabei zeigen die Handinnenflächen nach außen | 9–16 |
| *Der Country … gut.* | Wiederholung der Bewegung | 17–32 |
| | | **4 x 1–8** |
| *Der macht* | rechten Arm ausgestreckt zum rechten Fuß bringen, linken Arm diagonal nach links oben strecken | 1–4 |
| *gute Laune* | wieder aufrichten, Hände in Brusthöhe zusammen | 5–8 |
| *und bringt Wildwesternspaß,* | Wiederholung der Bewegung nach links (1–8) | 9–16 |
| *darum tanzen wir durch das Steppengras.* | Wiederholung dieser Bewegungsabfolge (1–16) | 17–32 |
| **Refrain** | | **4 x 1–8** |
| *Hei* | in die Hände klatschen | 1–2 |
| *ho,* | beide Hände auf die Mitte der Stuhllehne patschen | 3–4 |
| *yippijajey,* | die Hände 4 x auf der Stuhllehne patschen, dabei die Hände jedes Mal etwas näher nach außen zum Rand bringen | 5–8 |
| *hei ho … yippijajey.* | 3 x Wiederholung dieser Klatschbewegung | 9–32 |
| **Instrumentalteil** | | **2 x 1–8** |
| | rechten Arm waagerecht auf die Lehne legen | 1–4 |
| | linken Arm waagerecht auf die Lehne legen | 5–8 |
| | rechten Ellenbogen auf der Lehne aufstützen, rechte Hand an rechte Wange legen | 9–12 |
| | wie oben mit linkem Ellenbogen/linker Hand | 13–16 |
| | aufrichten, Hände in den Schoß legen | **1 x 4** |

# Goldgräberzeit

(Instrumentalstück)

## Tanzspiel

## Goldgräberzeit

*Einführung der Musik über ein Tanzspiel*

| Intro | warten | 2 x 1–8 |
|---|---|---|
| **Teil A** *Die Goldgräber machen sich voller Elan auf den Weg zur Goldmine* | im Seitgalopp geht es fröhlich frei durch den Raum, am Ende bleiben alle stehen | **4 x 1–8** 1–32 |
| **Teil B** *Die Goldgräber überprüfen, ob sie alles für ihre Suche dabei haben und freuen sich auf den Tag, der vor ihnen liegt* | die linke Handfläche legt sich auf die linke Hüfte die rechte Handfläche legt sich auf die rechte Hüfte die linke Handfläche legt sich auf die linke Pobacke die rechte Handfläche legt sich auf die rechte Pobacke der linke Arm streckt sich senkrecht in die Luft nach oben der rechte Arm streckt sich senkrecht in die Luft nach oben beide Arme über die Außenseiten in einem Halbkreis nach unten führen (Sonnenbewegung) Wiederholung (1–16) | **4 x 1–8** 1–2 3–4 5–6 7–8 9–10 11–12 13–16 17–32 |
| **Teil C** *Die Goldgräber schürfen im Fluss nach Gold. Sie entnehmen dem Fluss Wasser und Stein und rütteln und schütteln anschließend ihr Sieb* | mit dem linken Arm einen großen Kreis in der Luft beschreiben, am Ende liegt der Ellenbogen an der linken Körperseite an, der Unterarm zeigt nach oben, die Hand bildet eine Faust. Der rechte Arm ist in der gleichen Position: sein Ellenbogen berührt die rechte Körperseite, Unterarm zeigt nach oben, die Hand bildet eine Faust. Beide Unterarme gleichzeitig rütteln Wiederholung (1–8) | **2 x 1–8** 1–8 9–16 |

Da die Musik im Laufe des Stücks immer schneller wird, sollte sich die Schrittart, mit der sich die Kinder im Teil A durch den Raum bewegen, der Musik anpassen. So bietet sich anfangs der Seitgalopp an, gefolgt von Pferdchenhüpfer, Wechselhüpfer, Gehen und Laufen.

# Tanzbeschreibung
## Goldgräberzeit

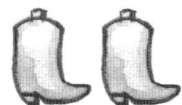

**Aufstellung:** Kreis, Hände gefasst

| Intro | warten | 2 x 1–8 |
|---|---|---|
| **Teil A** | | **4 x 1–8** |
| | im Kreis rechts herum im Seitgalopp | 1–16 |
| | im Kreis links herum im Seitgalopp | 17–32 |
| **Teil B** | | **4 x 1–8** |
| | 2 x auf die eigenen Oberschenkel patschen | 1–2 |
| | 2 x in die Hände klatschen | 3–4 |
| | 2 x auf die eigenen Oberschenkel patschen | 5–6 |
| | 2 x in die Hände klatschen | 7–8 |
| | Wiederholung von 1–8 | 9–16 |
| | linkes Knie anheben, mit rechts 1 x auf Innenseite patschen | 17 |
| | linken Fuß abstellen | 18 |
| | rechtes Knie anheben, mit links 1 x auf Innenseite patschen | 19 |
| | rechten Fuß abstellen | 20 |
| | linkes Bein nach hinten anheben und mit rechts auf Ferse tippen | 21 |
| | linken Fuß abstellen | 22 |
| | rechtes Bein nach hinten anheben und mit links auf Ferse tippen | 23 |
| | rechten Fuß abstellen | 24 |
| | Wiederholung 17–24 | 25–32 |
| **Teil C** | | **2 x 1–8** |
| | 4 Seitnachstellschritte nach links, Hände dabei wieder fassen | 1–8 |
| | 4 Seitnachstellschritte nach rechts | 9–16 |
| **Teil A** | | **4 x 1–8** |
| | im Kreis rechts herum Pferdchenhüpfer | 1–16 |
| | im Kreis links herum Pferdchenhüpfer | 17–32 |
| **Teil B** | siehe Teil B | **4 x 1–8** |
| **Teil C** | siehe Teil C | **2 x 1–8** |

| | | |
|---|---|---:|
| **Teil A** | | **4 x 1–8** |
| | im Kreis rechts herum Wechselhüpfen | 1–16 |
| | im Kreis links herum Wechselhüpfen | 17–32 |
| **Teil B** | siehe Teil B | **4 x 1–8** |
| **Teil C** | siehe Teil C | **2 x 1–8** |
| **Teil A** | | **4 x 1–8** |
| | im Kreis rechts herum gehen | 1–16 |
| | im Kreis links herum gehen | 17–32 |
| **Teil B** | siehe Teil B | **4 x 1–8** |
| **Teil C** | siehe Teil C | **2 x 1–8** |
| **Teil A** | | **4 x 1–8** |
| | im Kreis rechts herum laufen | 1–16 |
| | im Kreis links herum laufen | 17–32 |
| **Teil B** | | **4 x 1–8** |
| | | **+2 x 1–8** |
| | s. o. Teil B | 1–32 |
| | Wiederholung s. o. Teil B von 1–16 | 1–16 |

# Didaktische Tipps

Der schwierigste Teil für die Kinder liegt in der Koordinationsbewegung des B-Teils.
❧ Daher spielt **Track 19** 6 x dessen Instrumentalversion in einem langsamen Tempo und **Track 20** den gleichen Ausschnitt in einer etwas schnelleren Geschwindigkeit.

# Klatschvariante

Eine einfachere Klatschvariante für den B-Teil der Musik ist beispielsweise:
2 x auf die eigenen Oberschenkel patschen
2 x in die Hände klatschen
2 x die gekreuzten Hände auf die Schultern patschen
1x in Kopfhöhe eine Schnipsbewegung mit beiden Händen

# Tanzvariante
## Goldgräberzeit

*Da die drei Musikteile des Stückes deutlich voneinander zu unterscheiden sind, können auch schon die Kleinsten sehr schön dazu tanzen.*

**Aufstellung:** im Kreis, die Hände sind gefasst

| Intro | warten | **2 x 1–8** |
|---|---|---|
| **Teil A** | | **4 x 1–8** |
| | im Kreis rechts herum gehen | 1–16 |
| | im Kreis links herum gehen | 17–32 |
| **Teil B** | | **4 x 1–8** |
| | Oberkörper nach vorne beugen und 8 Schritte zur Kreismitte gehen, Oberkörper aufrichten und mit 8 Schritten rückwärts gehen | 1–16 |
| | Wiederholung (1–16) | 17–32 |
| **Teil C** | | **2 x 1–8** |
| | stehen bleiben und mit den Armen wackeln, ohne dabei die Hände zu lösen | 1–16 |

# Saloondance

 **Nr. 8**

## Tanzspiel

Einführung der Musik über ein Tanzspiel.

**Material:** halb so viele Reifen wie Kinder
**Vorbereitung:** Die Reifen nebeneinander auf dem Boden in einer langen Reihe auslegen. Die Reifen müssen so viel Abstand zueinander haben, dass die Kinder um sie herum laufen können.

Alle Kinder stellen sich rund um die Reifenlinie auf.
* Während des **A-Teils** geht es im Seitgalopp um alle Reifen herum.
* Beginnt der **B-Teil**, bleibt jedes Kind vor einem Reifen stehen und balanciert auf ihm im Kreis.

Natürlich können während des nächsten A-Teils einige Reifen entfernt werden, so dass beim nächsten Balancieren sich drei Kinder einen Reifen teilen müssen.

# Sitztanz
# Saloondance

**Material:** Stühle

**Vorbereitung:** Einen Innen- und einen Außenstuhlkreis stellen, dabei stehen die sich gegenüberstehend Stühle so weit auseinander, dass die Kinder bequem in der Stuhlgasse stehen können.

| Intro | warten | 1 x 1–4 |
|---|---|---|
| **Teil A** | | **4 x 1–8** |
| | Unterarme vor dem Körper umeinander rollen | 1–16 |
| | beide Hände zu den Seiten auseinander bewegen | 17–20 |
| | Hände wieder zusammenbringen | 21–24 |
| | Hände auseinander und wieder zusammen | 25–32 |
| | Wiederholung der gesamten vorhergehenden Bewegung | **4 x 1–8** |
| | Wiederholung der gesamten vorhergehenden Bewegung | **4 x 1–8** |
| | Wiederholung der gesamten vorhergehenden Bewegung | **4 x 1–8** |

| Teil B | | 6 x 1–8 |
|---|---|---|
| | aufstehen, die Hände bleiben gefasst | 1–8 |
| | jedes Kind dreht sich unter den Armen hindurch einmal um die eigene Achse, verabschiedet sich am Ende mit leichter Verbeugung von seinem Partner – die Hände lösen | 9–16 |
| | mit dem rechten Fuß einen Schritt nach rechts gehen | 17–18 |
| | linken Fuß an den rechten Stellen | 19–20 |
| | Wiederholung des Seitanstellschrittes, jedes Kind steht nun vor einem neuen Partner, diesem beide Hände reichen | 21–24 |
| | Wiederholung der Drehung (s. o. 9–16) | 25–32 |
| | Wiederholung der Seitanstellschritte (s. o. 17–24) | 33–40 |
| | Wiederholung der Drehung (siehe 9–16), am Ende setzt sich jedes Kind auf den Stuhl, vor dem es gerade steht, die Hände bleiben gefasst | 41–48 |
| Teil A | s. o. Teil A | 16 x 1–8 |
| Teil B | s. o. Teil B | 6 x 1–8 |
| Teil A | s. o. Teil A | 16 x 1–8 |
| Teil B | s. o. Teil B | 6 x 1–8 |

# Didaktische Tipps

Jüngere Kinder können sich auch einfach gemeinsam um die eigene Achse drehen.
Alternativ kann auch jedes Kind einmal um seinen Stuhl herum gehen.
Soll kein Paartausch stattfinden, geht jedes Paar gemeinsam in der Stuhlgasse zwei Stühle weiter.

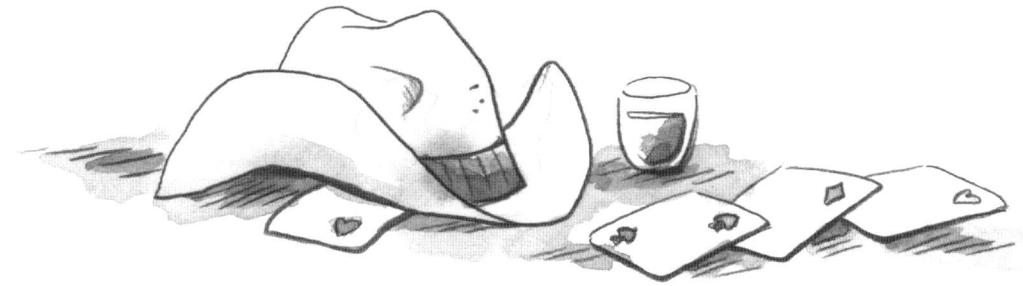

# Anhang

## Register der Tänze nach Schwierigkeitsgrad

# Die Autorinnen · Der Musiker · Die Illustratorin

**Elke Gulden** ist staatlich geprüfte Gymnastiklehrerin, Tanzpädagogin und Yogalehrerin, leitet Fortbildungen zur musikalischen Früherziehung, kreativen Bewegungserziehung und Kindertanz für ErzieherInnen und Lehrkräfte im In- und Ausland. Die Autorin lebt in Stuttgart. Fortbildungsangebote unter: www.elke-gulden.de

**Bettina Scheer,** Studium der Grundschulpädagogik, gibt Fortbildungen für pädagogische Fachkräfte zur kindlichen Sinnesentwicklung und ganzheitlichen musikalischen Früherziehung. Die Autorin lebt in der Nähe von Saarbrücken.

**Ralf Kiwit,** Jg. 65 ist Musiker, Komponist, Musikproduzent und Musikpädagoge. Als Saxophonist ist er seit 1985 in unterschiedlichsten Bühnen-Projekten unterwegs. Als Komponist für Theatermusik hat er an vielen Bühnen in NRW gearbeitet. Heute komponiert und produziert er im eigenen subTONE Tonstudio in Dortmund Musik für CD-, Theater- und Fernseh-Produktionen. Einen Namen hat er sich durch viele Musik-CD- Produktionen für Kinder gemacht, von denen die meisten im Ökotopia Verlag erschienen sind. www.subtone.de

**Simone Pahl,** Jahrgang 1968, zeichnete schon immer leidenschaftlich gerne. Sie studierte zunächst Architektur in Berlin. Bereits während ihrer Tätigkeit als Architektin wurden zahlreiche Illustrationen von ihr veröffentlicht. 2004 beschloss sie, ihre Leidenschaft zum Beruf zu machen. Seitdem sorgt sie als freie Illustratorin für eine anspruchsvolle Bebilderung von Unterrichtsmaterialien, Lernspielen und Kinder- und Jugendbüchern verschiedener Verlage. Ihr Ziel ist es, durch einen einfühlsamen und lebendigen Zeichenstil die Inhalte von Texten eindrucksvoll zu vermitteln. Sie ist Mitglied der „Illustratoren Organisation e.V.". Weitere Infos unter www.simonepahl.de

# Infos zur CD

## Trackliste

**Gesamt**   63:43

## Mitwirkende

**Gesang:** Berit Tenhaven, Kim Friehs, Daniel Scheer, Marco Wasem, Elke Gulden

**Instrumente:** Gitarren, Mandoline, Geige: Reinold Alexander / Bass: Tom Bär /
Perkussion, Schlagzeug: Peter Breuer / Saxophone, Piano, Keyboards, Xylophon: Ralf Kiwit

**Texte:** Bettina Scheer, Elke Gulden / **Musik:** Ralf Kiwit

Aufgenommen, gemischt und gemastert von Ralf Kiwit im subtone Studio Dortmund www.subtone.de